EMPIRE DE CORÉE

DIRECTION GÉNÉRALE DES COMMUNICATIONS

NOTICE

SUR LE SERVICE POSTAL ET TÉLÉGRAPHIQUE

DE L'EMPIRE DE CORÉE

PAR

H. J. MÜHLENSTETH

CONSEILLER INSPECTEUR DES TÉLÉGRAPHES IMPÉRIAUX

ET

E. CLÉMENCET

CONSEILLER INSPECTEUR DES POSTES IMPÉRIALES

AVEC L'APPROBATION

DE SON EXCELLENCE LE COLONEL HO-SANG-MIN

DIRECTEUR GÉNÉRAL DES COMMUNICATIONS

SEOUL, AOÛT 1902

SHANGHAI
IMPRIMERIE DE LA PRESSE ORIENTALE
RUE DU CONSULAT

À Son Excellence Monsieur Collin De Plancy
Ministre de France en Corée
Hommage respectueux

NOTICE

SUR LE SERVICE POSTAL ET TÉLÉGRAPHIQUE
DE L'EMPIRE DE CORÉE

——— •••• ———

CHAPITRE I

ORGANISATION CENTRALE

DIRECTION, RÉGIME FINANCIER, PERSONNEL, MATÉRIEL

ORGANISATION CENTRALE—DIRECTION.—L'Administration des Postes et des Télégraphes de l'Empire de Corée est placée sous l'autorité du Directeur général des Communications dont le Département comporte aussi le service de la navigation.

Le Directeur général des communications a rang de Ministre avec voix délibérative au Conseil d'Etat. C'est à lui qu'incombe le soin de préparer et de présenter à l'approbation du Souverain, les propositions relatives aux mesures d'ordre essentiel, telles que la fixation du budget du Département, les innovations, changements ou modifications en matière de taxes postales ou télégraphiques, ainsi que la nomination des titulaires à diverses fonctions importantes. Il nomme directement les candidats aux emplois subalternes. Il décide des mutations, augmentations ou diminutions de personnel, des promotions à accorder, ainsi que des mesures disciplinaires à infliger aux agents. Il ordonnance les dépenses engagées dans la limite des crédits mis à la disposition de son Département.

Le titulaire actuel de cette haute fonction, depuis le mois de mars 1900, est Son Excellence le Colonel Ho Saug Min, précédemment Vice-Ministre des Affaires étrangères et ancien Délégué de la Corée au Congrès postal universel de Washington.

Il est assisté et remplacé au besoin par un fonctionnaire de 1er Rang portant le titre de Directeur des Services d'exploitation.

Deux Conseillers Inspecteurs européens, affectés, l'un au service télégraphique, l'autre au service postal, sont chargés, chacun en ce qui le concerne, de la surveillance générale, des études, rapports et propositions relatifs à l'amélioration et à l'extension du régime postal télégraphique, de l'application et de la mise à exécution des décisions prises, des rapports avec les Offices étrangers et de la correspondance générale tant intérieure qu'internationale.

La Direction générale des communications occupe encore 19 fonctionnaires ou agents de différents grades, parmi lesquels : 3 chefs des services respectifs du Secrétariat général, de la Comptabilité et de la Navigation ; 2 Secrétaires interprètes, chargés de la traduction des rapports des Conseillers et des documents intéressant le service, 1 Ingénieur, 10 Secrétaires de différentes classes et 3 écrivains ou expéditionnaires.

Dix-sept sous-agents ou domestiques complètent le cadre du personnel de la Direction générale.

Régime financier—Budget.—Le Budget du Département, arrêté chaque année en Conseil d'Etat, sur les propositions du Directeur général, est réparti en trois parties principales comprenant respectivement les dépenses prévues pour

       1° le Service de la Direction générale et de la Navigation.

       2° le Service des Télégraphes.

       3° le Service des Postes.

L'année financière s'étend du 1er janvier au 31 décembre (style européen). La comptabilité est arrêtée à la fin de chaque mois.

Les lois et règlements de l'Empire obligent les Administrations productives de revenus à verser mensuellement au Département des Finances l'intégralité de leurs recettes—Par contre, le Ministère des Finances rembourse aux Départements intéressés, sur ordonnancement du chef supérieur de chaque Département les dépenses qu'ils engagent, dans les limites de leur Budget spécial.

En vertu de ce principe, la Direction générale des communications verse périodiquement, à la caisse du Trésor central, les recettes effectuées dans le service postal ou télégraphique. En sens opposé, le Ministère des Finances envoie mensuellement, à la Direction générale des communications, les sommes dues à cette Administration, tant pour le service central que pour les bureaux de Poste et de Télégraphe de Séoul. En province les dépenses sont remboursées aux mêmes bureaux par les magistrats de district, sur mandats du Ministère des Finances, établis d'après les ordonnances émanant du Département des communications.

Personnel d'Exploitation.—Bien que placés sous une autorité commune, les services respectifs de la Poste et du Télégraphe comportent un personnel distinct, affecté spécialement à l'une ou à l'autre branche. Il y a toutefois unification dans le régime des traitements et salaires des fonctionnaires appartenant soit à la Poste, soit au Télégraphe. Ces traitements diffèrent cependant pour les fonctionnaires et agents, d'après la catégorie dans laquelle sont classés les Bureaux, selon leur importance, comme le démontre le tableau ci-après :

BUREAUX DE 1ère CATÉGORIE

	Traitements mensuels		
	Minimum	Traitements Intermédiaire	Maximum
	$	$	$
Directeurs et Ingénieurs des Télégraphes—Directeurs des Postes	50	60	70
Secrétaires des Télégraphes—Secrétaires des Postes	25	30	35

BUREAUX DE 2e CATÉGORIE

Directeurs des Télégraphes—Directeurs des Postes	50	..	60
Secrétaires des Télégraphes—Secrétaires des Postes	20	25	30

L'avancement est donné au choix, après un stage minimum de 2 ans ½ dans la classe inférieure.

Les Directeurs de Bureaux et les Ingénieurs sont choisis parmi les agents les mieux notés et ayant un temps de service suffisant. Par ordre spécial de l'Empereur, des permutations sont quelquefois autorisées entre les Directeurs des Postes et des Télégraphes et certains fonctionnaires de rang égal appartenant à d'autres administrations.

Les agents subalternes (secrétaires) sont choisis par voie de concours et au fur et à mesure des vacances, parmi les élèves du Cours postal ou de l'Ecole de Télégraphie, institués pour l'instruction professionnelle des candidats.

Les candidats aux emplois de secrétaires des Postes ou des Télégraphes sont recrutés parmi les jeunes gens de famille honorable, de nationalité coréenne, possédant de bonnes références et une instruction suffisante. Un certain nombre de candidats sont demandés, de temps à autre, dans les différents collèges impériaux de langues étrangères, de façon à constituer un cadre d'agents capables de satisfaire aux besoins de la clientèle étrangère. C'est ainsi qu'actuellement dans les bureaux de Séoul, des ports ouverts et dans certaines localités importantes, un assez grand nombre d'agents en service parlent l'anglais, le français, le japonais et le chinois. La connaissance de la langue chinoise écrite (utilisée pour les documents officiels de l'Empire) est d'ailleurs obligatoire pour tous les candidats.

Ces candidats, après un examen d'entrée sont répartis, soit dans le cours postal, soit dans le cours télégraphique. lesquels sont respectivement dirigés et professés par les Conseillers Inspecteurs. Au fur et à mesure des vacances dans l'un ou l'autre service, les élèves appartenant à l'un ou l'autre cours sont appelés à concourir à un examen passé en présence du Directeur général. Cet examen porte sur la partie théorique et pratique du service auquel se destinent les candidats. Les places vacantes sont données à ceux qui réunissent le plus grand nombre de points.

Les sous-agents et domestiques (facteurs des Postes ou des Télégraphes, surveillants et ouvriers des lignes télégraphiques. courriers-piétons. gardiens de bureaux, hommes de peine, etc) sont choisis par les Directeurs de chaque bureau, sous réserve de l'approbation du Directeur général.

Les facteurs des Postes et les courriers-piétons touchent un salaire mensuel de 7 piastres. Une indemnité, précédemment de 15 cents, mais qui est portée, depuis quelques semaines, à 25 cents par jour, est en outre allouée aux courriers piétons, en représentation des frais de nourriture et de chaussures.

Les facteurs et surveillants des Télégraphes touchent également un salaire de 7 piastres par mois. Les surveillants ont droit à une indemnité de 25 cents par jour de voyage.

Les hommes de peine et domestiques ont droit à une indemnité de 4 piastres mensuelles.

Les facteurs des Postes et des Télégraphes. les surveillants des lignes télégraphiques et les courriers-piétons reçoivent chaque année. de l'administration, 2 habillements-uniformes complets. l'un d'hiver. l'autre d'été, et un chapeau.

Indépendamment des fonctionnaires et agents de tous grades appartenant au cadre de la Direction générale des communications et payés sur le budget de cette administration, ladite Direction générale possède encore le contrôle et la surveillance pour ce qui concerne exclusivement le service postal, des fonctionnaires de différentes classes, dépendant du Ministère de l'Intérieur, chargés de gérer les bureaux de poste secondaires dans les centres où n'existent pas de bureaux complets. Ces fonctionnaires ne reçoivent aucun traitement de la Direction générale des communications; il leur est seulement alloué une remise de 10 % sur le produit brut de la vente des timbres-poste qu'ils effectuent dans leur office. Certains de ces fonctionnaires, d'ordre subalterne, peuvent obtenir, lorsqu'ils font preuve de zèle et d'initiative, le titre honorifique de secrétaires des Postes.

BÂTIMENTS—MATÉRIEL—TIMBRES-POSTE.—L'administration est propriétaire de tous les locaux où sont installés les bureaux principaux des Postes et des Télégraphes. Elle ne paie aucun loyer pour les bureaux secondaires, qui sont tous installés dans des immeubles appartenant au Gouvernement. Dans la plupart des grands centres, les locaux sont communs aux deux services. Dans d'autres localités, ces deux services occupent encore des bâtiments séparés, mais l'Administration tend de plus en plus à opérer progressivement la réunion des deux branches d'exploitation dans le même immeuble.

En outre des pièces affectées respectivement dans chaque établissement au service des Postes et à celui des Télégraphes, les locaux comprennent généralement plusieurs pièces attenantes, ou séparées, pour le logement du personnel, en province. A Seoul, le personnel n'est pas logé, mais des agents se remplacent tour à tour, chaque nuit, pour la garde des bureaux et l'accomplissement des opérations urgentes.

A l'exception des uniformes des facteurs, des sacs en toile légère pour le transport des dépêches intérieures, des poteaux télégraphiques, que les forêts magnifiques du nord fournissent abondamment, des imprimés et des cachets en usage dans le service intérieur, qui sont de production locale, tout le matériel d'exploitation postale et télégraphique est de provenance étrangère.[1]

Chaque bureau reçoit de la Direction générale les objets de matériel indispensables à l'exploitation. De plus, à titre de frais d'entretien, une somme mensuelle, variable selon l'importance des offices, est mise à la disposition de chaque bureau, pour l'éclairage, le chauffage et l'achat des petites fournitures.

Le Gouvernement coréen a institué un atelier impérial pour la fabrication des timbres—poste. Cet atelier est actuellement installé dans les dépendances de l'Hôtel des monnaies à Ryong-San (faubourg de Seoul).

Il est dirigé par un Ingénieur japonais, assisté de 3 techniciens, également de nationalité japonaise, (graveur, lithographe, mécanicien) et d'apprentis ou d'ouvriers coréens. L'Administration des Finances est provisoirement chargée de la surveillance et du contrôle de cet atelier, dont l'installation, relativement récente, ne donne pas encore tous les résultats que l'on serait en droit d'espérer, tant au point de vue de la sécurité et de la régularité des opérations d'émission, qu'en ce qui concerne les procédés d'exécution et la qualité des matériaux employés.

---

[1] Le matériel d'exploitation postale internationale (sacs, imprimés, cachets etc.) est de provenance française et une grosse partie de ce matériel a été fournie directement par l'Administration des Postes et des Télégraphes de France.

CHAPITRE II

SERVICE TÉLÉGRAPHIQUE

HISTORIQUE—ORGANISATION

Jusqu'en 1883, la Corée était restée dépourvue de toute communication télégraphique. A cette époque, le Gouvernement japonais faisait poser un câble sous-marin reliant l'île de Kyou-Syou (Nagasaki), au port coréen de Fousan avec station intermédiaire sur le groupe des îles dites Tsou—shima. Un peu plus tard, en 1885, la Chine, usant de son droit de suzeraineté, chargeait un Ingénieur des Télégraphes, engagé à son service depuis de longues années, Mr Mühlensteth, ancien fonctionnaire des Télégraphes danois, de construire une ligne terrestre, partant de Chemulpo et passant par Seoul, Hpyeng-Yang et Eui—Tjyou, pour venir aboutir, au delà du fleuve Yalou, au poste-frontière chinois de An Tong Chyen, déjà relié télégraphiquement au réseau général de l'Empire du Milieu. Cette ligne du nord-ouest fut, pendant plusieurs années, le seul fil utilisable pour les communications entre la capitale de la Corée et le reste du monde. Elle fonctionnait alors pour le compte et sous le contrôle du Gouvernement chinois et ce n'est qu'après les événements de la guerre sino-japonaise, au cours de laquelle la ligne fut presque totalement détruite, qu'elle fut reconstruite et reprise, en 1896, par le Gouvernement coréen. [1]

Indiquons en passant que, dès l'année 1889, le même Gouvernement coréen avait construit la ligne de Seoul à Fousan. Après la guerre sino-japonaise furent ensuite établis les fils de Seoul à Gensan (Wonsan) et de Seoul à Mokpo.

Depuis, et notamment au cours de ces dernières années, des progrès incessants ont été faits dans l'extension du réseau intérieur du pays. Le développement total des lignes télégraphiques intérieures atteint près de 3.500 kilomètres, desservies par 27 bureaux, occupant un personnel de 113 fonctionnaires (Directeurs, Ingénieurs, Secrétaires télégraphistes) et de 303 subalternes, (facteurs, surveillants, ouvriers et domestiques).

Les appareils utilisés sont du système Morse. L'énergie électrique est fournie par des piles Leclanché. Des relais existent dans différents bureaux intermédiaires pour faciliter les communications directes entre les postes éloignés et la capitale.

---

[1] Les communications télégraphiques internationales, par la voie de Eui-Tjyou et du réseau chinois sont interrompues depuis les derniers événements de Chine. Mais on espère leur rétablissement à bref délai.

Les télégrammes peuvent être rédigés soit dans la langue vulgaire du pays, dite " Eun moun," laquelle se compose de 24 caractères auxquels ont été adaptés des signaux conventionnels, soit en langue chinoise, au moyen du code chiffré en usage dans l'Administration des télégraphes de Chine, soit enfin dans les différentes langues étrangères autorisées par la convention internationale des Télégraphes.

Les règlements des Télégraphes impériaux sont sensiblement semblables à ceux de tous les offices faisant partie de l'Union télégraphique. Ils sont d'ailleurs reproduits dans un opuscule spécial figurant au tableau d'exposition.

La preuve de la prospérité du service télégraphique coréen ressort de la progression croissante, d'année en année, du nombre des télégrammes expédiés et, partant, des recettes encaissées, comme le démontrent les chiffres ci-après :

	Nombre de Télégrammes expédiés	*Recettes*
		$ **c.**
Année 1899	112.450	50.686.89
Année 1900	125.410	72.443.26
Année 1901	152.485	86.830.86

CHAPITRE III

SERVICE TÉLÉPHONIQUE

Le Gouvernement Coréen a décidé, cette année, l'installation d'un réseau téléphonique public, dont la création est depuis longtemps désirée. Ce réseau dont l'établissement et la gestion seront confiés au service télégraphique de l'Empire, sera construit petit à petit, de façon à relier la capitale aux centres les plus importants. Déjà un fil spécial, ouvert aux communications publiques, fonctionne entre les bureaux de Séoul et de Chemulpo, de Séoul et de Song-To, de Séoul et de Hpyeng-Yang, avec branchement sur Chinnampo. Les travaux d'installation du réseau téléphonique privé ont déjà commencé à Séoul et seront poursuivis activement dès la réception du matériel commandé. On verra au tableau d'exposition les règlements généraux établis en vue de l'exploitation du futur réseau.

CHAPITRE IV

SERVICE POSTAL

HISTORIQUE.—L'organisation des Postes impériales de Corée est relativement récente. Pendant de longues années, on peut dire de longs siècles, aucun service postal, tel qu'on le conçoit de nos jours, n'a fonctionné dans le pays. Un service de courriers officiels était cependant entretenu par le souverain pour correspondre avec les fonctionnaires des diverses provinces. Ces courriers voyageaient à cheval et des relais de poste existaient dans un certain nombre de localités. Mais seul, le souverain ou les hauts dignitaires avaient le droit de les utiliser. Il y avait là une organisation coûteuse, comprenant près de 5.000 chevaux de poste et une légion d'agents de tous grades, qu'il fallait payer et entretenir, sans aucun profit pour le Trésor.

La poste privée se faisait par l'intermédiaire des voyageurs ou des colporteurs. Chacun traitait de gré à gré avec celui qui se chargeait de la correspondance.

Dès 1877, le Japon qui venait simultanément d'entrer dans l'Union postale et de conclure un traité d'amitié et de commerce avec la Corée, installait pour les besoins de ses nationaux, déjà fort nombreux à cette époque dans le pays, des bureaux de poste à Fousan, Gensan et Chemulpo. En 1882, l'Administration des Douanes coréennes instituait également une sorte de service postal entre les différents ports ouverts et avec la Chine. Mais ces deux organisations étaient limitées à la correspondance entre les villes ouvertes et dès qu'il s'agissait de faire parvenir quelque lettre à l'intérieur, il fallait recourir à l'initiative privée.

En 1884, le Gouvernement royal fait une première tentative pour constituer un service postal officiel, accessible à tous. La dispersion des archives publiques ne permet pas de décrire exactement la genèse de cette constitution. Mais ce qui est certain, c'est que la tentative ne réussit pas. La personnalité politique du dignitaire, alors désigné pour diriger le service postal, se trouvait en butte à l'animosité d'un parti puissant qui, le jour même de l'inauguration du service, (décembre 1884) provoqua une émeute, au cours de laquelle le nouvel Hôtel central des Postes fut pillé et incendié et le Directeur général grièvement blessé.

Ce n'est qu'en juillet 1895, après les évènements de la guerre sino-japonaise et lorsque la tranquillité et la sécurité furent à peu près rétablies dans le pays, que le service des Postes coréennes fut enfin organisé sous la direction d'un fonctionnaire japonais. Au début et pendant les premières années, ce service ne s'étendait pas au delà des limites du pays et ne comportait que les opérations du service intérieur: il n'avait aucune relation officielle avec l'extérieur, non plus qu'avec les postes étrangères installées sur le territoire coréen. Cette situation rendait fort compliqué l'échange des correspondances internationales qui ne pouvaient sortir du pays ou y circuler qu'en acquittant, au départ, la taxe internationale en plus de la taxe intérieure, et, à l'arrivée, la taxe intérieure en plus de la taxe internationale perçue à l'expédition.

Cependant en 1897, le Gouvernement coréen songe à adhérer à l'Union postale et se fait représenter, dans ce but, au Congrès postal universel, tenu à Washington en mai-juin 1897, par deux délégués qui signent en son nom l'adhésion du pays à la Convention principale de l'Union. Enfin, pour préparer l'accession à ce nouvel état de choses, le Gouvernement engage, fin 1898, comme instructeur et conseiller postal, un fonctionnaire des Postes et des Télégraphes de France, avec mission d'étudier les réformes à introduire, de modifier les règlements existants de façon à les harmoniser avec les exigences de la situation future, de former et d'instruire enfin un premier noyau d'agents capables de remplir les obligations générales de leur profession, selon les règles adoptées par tous les pays de l'Union postale.

Le 1er janvier 1900, date de l'entrée de la Corée dans l'Union universelle des Postes, marque l'affirmation décisive de l'existence du service des Postes coréennes.

ORGANISATION GÉNÉRALE.—Le service postal coréen comprend actuellement, en dehors du bureau central de Séoul, 37 bureaux de poste de plein exercice et 326 bureaux secondaires ou sub-offices, ouverts à l'échange des correspondances ordinaires et recommandées, tant intérieures qu'internationales. 747 boîtes aux lettres sont réparties dans les circonscriptions postales desservies par les bureaux de tous ordres. Seuls les bureaux de poste de plein exercice sont gérés par des agents et sous-agents de tous grades, dépendant de la Direction générale des communications, au nombre de 756 (soit 114 Directeurs et secrétaires des Postes et 642 facteurs, courriers, gardiens de bureaux, etc.) Comme il est dit plus haut à l'article "Personnel," la gestion des bureaux secondaires est confiée à des magistrats ou fonctionnaires de district, dépendant du Ministère de l'Intérieur et ne ressortissant au Département des communications que pour ce qui concerne le contrôle et la surveillance de leurs fonctions postales.

Un réseau de routes postales terrestres partant de Seoul et composé de 7 grandes voies principales[1] passant par les localités, sièges de bureaux de poste de plein exercice, est parcouru quotidiennement, dans les deux sens (aller et retour) par les courriers postaux. Chaque bureau de plein exercice contrôle et assure le service d'échange des courriers d'un nombre plus ou moins élevé de bureaux secondaires rattachés à sa circonscription et reliés à lui par un réseau de routes postales de 2ᵉ catégorie ; ces routes secondaires sont desservies 3 fois par semaine par les piétons dépendant du bureau principal. Le service des courriers terrestres est assuré par 472 facteurs-piétons, dont l'emploi occasionne une des plus grosses charges qui obèrent encore le budget des Postes coréennes.

Chaque courrier piéton, portant sur le dos une charge maxima de 20 kilogrammes (lorsque les dépêches dépassent ce poids on emploie plusieurs hommes ou des chevaux de bât), doit effectuer un parcours quotidien minimum de 80 lis (40 kilomètres). La course postale de chaque homme s'étend d'un bureau principal à un autre bureau principal, avec retour au point de départ. Les lieux d'étape et de repos entre les points extrêmes sont choisis autant que possible dans les endroits où existent des bureaux secondaires ou des boîtes aux lettres. Chaque course postale, aller et retour, est effectuée dans une moyenne de 5 jours dans le centre et les régions nord-ouest et sud ; elles atteignent une moyenne de 8 jours dans les régions extrêmes du nord et du nord-est.

L'acheminement des courriers postaux à l'intérieur sera fortement amélioré et la dépense résultante considérablement réduite, par l'ouverture,

---

[1] Les routes postales de la Corée sont les suivantes :

Nord-Ouest-Route No. 1 = Seoul à Eui-Tjyou (frontière de Chine) et Kang-Kyei, par Song-To, Hai-Tjyou, Hpyeng-Yang, Chinnampo, Tjyeng-Tjyou, Kyeng-Pyeng. Longueur totale: 1.500 lis, environ 750 kilomètres. Durée du trajet de Seoul à Eui-Tjyou : 12 jours ; de Seoul à Kang-kyei: 20 jours.

Nord-Est-Route No. 2 = Seoul à Kyeng Heung (frontière sibérienne), par Htyel-Ouen, Gensan, Ham-Heung, Pouk-Tehyen, Syeng-Tjin, Kyeng Syeng-Longueur totale : 2.000 lis, environ 1.000 kilomètres. Durée du trajet de Seoul à Kyeng-Heung : 25 jours.

Ouest-Route No. 3 = Seoul à Chemulpo (voie ferrée), Longueur : 80 lis (40 kilomètres) trajet en 1h½.

Sud-Ouest-Route No. 4 = Seoul à Mokpo et à Tjin-Tjyou, par Sou-Ouen, Kong-Tjyou, Hong-Tjyou, Kunsan, Tjyen-Tjyou, Nam-Ouen, Koang-Tjyou. Longueur totale 1.300 lis (650 kilomètres). Durée du trajet de Seoul à Mokpo: 11 jours.

Sud-Est-Route No. 5 — Seoul à Fousan et Masampo, par Tchyoung-Tjyou, Sang Tjyou, An Tong, Taikou. Longueur totale : 1.400 lis (700 kilomètres). Durée du trajet de Seoul à Fousan : 11 jours.

Sud-Route Nº 6 = Seoul à Tchyeng-Tjyou, par An Syeng. Longueur: 290 lis (150 kil.) Trajet en 2 jours.

Est-Route Nº 7 = Seoul à Kang neung, par Tjyoun Tehyen. Longueur : 670 lis (335 kil.) Trajet en 8 jours.

dans un avenir que l'on peut espérer prochain, des lignes de chemin de fer de Seoul à Fousan (sud-est) et de Seoul à Song-To, puis ultérieurement, à Eui-Tjyou, dont les travaux de construction sont commencés et se poursuivent sans interruption. Déjà les relations entre Seoul et le grand port coréen de Chemulpo sont devenues extraordinairement et aisées, rapides, par l'emploi du chemin de fer reliant ces deux villes par 5 ou 6 trains quotidiens, dans les 2 sens. Le trajet qui exigeait antérieurement un minimum de 8 heures par la route terrestre, s'effectue maintenant en 1 heure ¾. A noter qu'une clause spéciale des contrats passés par le Gouvernement coréen avec les concessionnaires des lignes ferrées, achevées ou en construction, stipule la gratuité du transport des dépêches postales, escortées d'un agent du service des Postes, dans chaque train régulier mis en marche.

En dehors des courriers terrestres indispensables pour assurer l'échange des correspondances entre les différentes régions de l'intérieur, l'Administration coréenne utilise, depuis son entrée dans l'Union, différents services maritimes pour l'acheminement des dépêches entre les différents ports coréens, ou les bureaux peu éloignés de ces ports, ainsi que pour la transmission des dépêches internationales.

Les compagnies de navigation transportant les malles du service postal coréen sont :

1°—Les paquebots japonais de la "Nippon Yusen Kaisha" desservant régulièrement chaque quinzaine la ligne de Kobé, Nagasaki, Fousan, Mokpo (facultativement), Chemulpo, Chefoo, Takou (aller et retour), ainsi que ceux de la même compagnie partant de Kobé, toutes les 3 semaines pour Fousan, Gensan et Vladivostok (aller et retour).

2°—Les paquebots japonais de "l'Osaka Soshen Kaisha" qui partent plusieurs fois la semaine d'Osaka et de Kobé, et touchant à Fousan, Masampo (bimensuellement), Mokpo, Kunsan (bimensuellement), Chemulpo et Chinnampo (hebdomadairement). Le service sur Chinnampo est interrompu de décembre à mars, à cause des glaces.

3°—Les paquebots russes de "Chinese Eastern Railway Seagoing Company," partant 2 fois par mois de Vladivostok et desservant tant à l'aller qu'au retour, les ports de Nagasaki, Chemulpo, Port Arthur, Chefoo et Shanghai.

4°—Enfin différents services réguliers de cabotage coréens ou japonais desservant à intervalles périodiques les ports coréens.

La longueur totale des routes postales intérieures par différentes voies se décompose comme il suit.

Voie ferrée.................. 40 kil.	
Routes terrestres.......7382 ..	soit un total de 10.622 kilomètres
Routes maritimes ......3200 ..	

On peut évaluer le parcours total annuel des courriers intérieurs coréens, par différentes voies, à environ 2,311.900 kilomètres.

OPÉRATIONS.—Le service des Postes impériales coréennes ne participe encore qu'à l'échange intérieur et international des correspondances de toute nature ordinaires et recommandées. L'Administration procède cependant à des études pour établir, à bref délai, le service des colis postaux et tout porte à croire que ces études aboutiront au résultat désiré. La prospérité future du service postal coréen est intimement liée d'ailleurs à l'organisation successive de différentes branches de services productives de revenus (colis postaux, mandats-poste, valeurs déclarées, remboursement, etc). Si un grand pas en avant a déjà été fait par l'accession du pays à l'Union, on doit reconnaître cependant qu'à raison du peu de développement du commerce et de l'industrie locale et étant donné les habitudes sédentaires de la population indigène, le trafic des correspondances postales est encore bien restreint. Par suite les recettes sont encore insuffisantes pour couvrir les charges qu'entraîne l'exploitation actuelle de service, avec les moyens primitifs dont dispose le pays. On constatera néanmoins une progression constante et ininterrompue, tant dans le chiffre des correspondances travaillées, que dans les recettes effectuées, si l'on veut jeter un coup d'œil sur les chiffres ci-après :

	Années	Nombre de correspondances travaillées	Recettes encaissées $
(6 mois d'exercice)	1895	192.000	2.200
	1896	415.000	6.300
	1897	636.000	8.400
	1898	763.000	9.900
	1899	970.000	12.700
(Entrée dans l'Union)	1900	1,300.000	20.600
	1901	1.703.000	27.130

Plus de la moitié de ces correspondances sont travaillées, soit à l'expédition, soit à la réception, soit en transit, par le Bureau central de Seoul. Ce bureau encaisse d'ailleurs annuellement plus d'un tiers des recettes totales—à remarquer notamment que c'est le bureau de Seoul qui manipule jusqu'à présent, à l'expédition, la totalité des journaux publiés en Corée et qui sont tous édités dans la capitale.

Dans le régime intérieur, à l'instar de ce qui se passe dans nombre d'Offices de l'Union, le service d'expédition et d'acheminement des journaux et publications périodiques constitue une charge assez onéreuse pour le Trésor, vu la modicité du tarif spécial perçu en vue de faciliter la diffusion de la presse. Il n'est en effet perçu en Corée, pour l'intérieur du pays, que

1/5e de cent ou 1 sapèque par exemplaire de journal en langue sino-coréenne, et 2/5e de cent ou 2 sapèques pour les publications en langues étrangères. Cette réduction excessive des taxes applicables aux journaux s'explique si on considère l'extrême bon marché de leur prix de vente au public (3 à 4 sapèques l'exemplaire). Il est manipulé ainsi chaque année à Seoul plus de 500 000 exemplaires de journaux. [1]

Depuis l'entrée dans l'Union postale, le service des Postes coréennes perçoit les taxes intérieures et internationales, d'après leur poids en grammes ou leurs dimensions en centimètres. Antérieurement on utilisait les poids et mesures japonais.

Les tarifs applicables, à l'intérieur, aux différentes catégories de correspondances sont fixés comme il suit :

Lettres................3 cheun ou cents par 15 grammes ou fraction de 15 grammes.

Cartes postales...................... simples.................... 1 cheun ou cent
avec réponse payée 2 cheun ou cents

Imprimés (sauf les journaux déposés par les Editeurs... 2 cheun par 50 grammes ou fraction de 50 grammes (limite de poids par envoi : 2 kilogrammes. Dimensions, 45 centimètres sur chaque face ou 75 centimètres en longueur avec diamètre de 10 centimètres s'ils ont la forme de rouleau)

Echantillons .... 2 cheun par 50 grammes ou fraction de 50 gr. (limite de poids: 350 gr. Dimensions: 30/20/10 centimètres)

Papiers d'affaires................... 10 cheun jusqu'à 250 grammes-2 cheun par 50 gr. en plus de 250 gr. (Mêmes poids et dimensions que les imprimés.)

Droit fixe de recommandation 6 cheun
Taxe fixe d'avis de réception 4 cheun

Une indemnité de 8 dollars est payée par l'Administration en cas de perte, par la faute du service (sauf le cas de force majeure), d'objet recommandé circulant dans le régime intérieur.

---

[1] Les journaux publiés à Seoul et confiés à la poste coréenne sont les suivants : *Gazette officielle, Hoang Syeug et Tai Kouk* (coréo-chinois, quotidiens). *Christo* (organe religieux coréen de l'Union Church, hebdomadaire) *Korea Review* (en anglais, mensuelle) *Reports of the Royal Asiatic Society* (Korea Branch), trimestriel.

L'affranchissement, au moins partiel, est obligatoire sur toutes les catégories de correspondances, dans le service intérieur; en cas d'insuffisance d'affranchissement, il est perçu sur le destinataire une taxe égale au double du montant de l'insuffisance.

Dans un but d'intérêt public et pour faciliter l'échange des correspondances entre la Corée et les pays limitrophes, le Gouvernement coréen a conclu, par application de l'article 21, ¶ 2 de la Convention d'Union postale, deux Arrangements postaux particuliers stipulant un tarif spécial et réduit, dans les échanges de correspondances avec le Japon, d'une part, et les bureaux de poste français établis en Chine, d'autre part.

En vertu de l'Arrangement particulier conclu avec le Gouvernement japonais, il est perçu dans le service postal coréen sur les correspondances à destination du Japon, les taxes ci-après :

Lettres............4 cheun (cents) par 15 gr. ou fraction de 15 gr.

Cartes Postales { Simples............2 cheun par exemplaire
{ Doubles............4 cheun par exemplaire

Journaux et publications {
périodiques déposées { 1 cheun, par exemplaire
par les Éditeurs {

Autres imprimés et {
Echantillons............. { 2 cheun par 50 gr. ou fraction de 50 gr.

Papiers d'affaires........................10 cheun jusqu'à 250 gr. et 2 cheun par 50 gr. en surplus.

Droit fixe de Recommandation....10 cheun par envoi.

Taxe fixe d'avis de Réception.... 4 cheun par envoi.

L'arrangement particulier postal conclu avec le gouvernement de la République Française ne comporte que la réduction du Tarif des lettres, les autres catégories de correspondances restant soumises au Tarif général de l'Union

En vertu de cet Arrangement, les lettres échangées entre la Corée, d'une part, et les bureaux de Poste français établis à Shanghaï, Pékin, Tien-Tsin, Chefoo, Hankeou et Amoy (Chine), d'autre part, bénéficient d'un tarif fixé, savoir :

En Corée...à 3 cheun (cents) par 15 gr. ou fraction de 15 gr. Dans les bureaux français ci-dessus désignés à...15 centimes par 15 gr. ou fraction de 15 gr.

Les taxes perçues sur les correspondances déposées en Corée, à destination des divers pays de l'Union (exception faite du Japon et des bureaux français en Chine) sont les suivantes :

Lettres ....10 cheun par 15 gr. ou fraction de 15 gr.

Cartes postales { Simples.........4 cheun, par exemplaire / Doubles.........8 cheun, par exemplaire

Journaux et Imprimés ..... } 2 cheun par 50 gr. ou fraction de 50 gr.

Echantillons.................2 cheun par 50 gr. ou fraction de 50 gr.

Papiers d'affaires.........10 cheun jusqu'à 250 gr. et 2 cheun par 50 gr. excédents.

Recommandation.........10 cheun par envoi.

Avis de Réception.........10 cheun par envoi.

L'Office coréen observe d'ailleurs pour le traitement des correspondances internationales les stipulations de la Convention postale universelle qu'il paraît inutile de détailler ici. Il accepte notamment le principe de la responsabilité, en cas de perte dans son service des objets recommandés (sauf le cas de force majeure). Toutefois, il n'assure ni le service des exprès, ni celui des Remboursements.

Les correspondances internationales recueillies sur le territoire de l'Empire coréen sont centralisées à l'expédition par 8 bureaux différents dénommés " Bureaux d'échange " et qui sont : Seoul, Chemulpo, Chinnampo, Koun San, Mokpo, Masampo, Fousan, Wonsan ou Gensan.

Ces bureaux sont chargés des opérations de fermeture et d'expédition des dépêches destinées à l'Etranger.

Pour simplifier les opérations à la réception, seuls les bureaux de Fousan, Chemulpo et Seoul reçoivent les dépêches et dirigent sur leur destination les correspondances provenant de l'Etranger.

Les Règlements intérieurs suivis dans l'organisation des Postes coréennes sont en résumé sensiblement semblables à ceux des autres offices de l'Union postale. Ils sont d'ailleurs condensés dans deux brochures en langue coréo-chinoise (l'une pour le service intérieur, l'autre pour le service international) qui figurent au tableau d'exposition, avec les différentes formules utilisées dans les opérations postales.

FIN